AF250406

DE L'ORGANISATION

DES

CIRCONSCRIPTIONS ÉLECTORALES

EN FRANCE

PAR

M. Ad. de CHONSKI,

ANCIEN CHEF DE CABINET DE PRÉFET,

Officier d'académie.

GRENOBLE,

IMPRIMERIE DE F. ALLIER PÈRE ET FILS,

Grande-Rue, 8, cour de Chaulnes.

—

1874

Lb 57/4695

DE L'ORGANISATION

DES

CIRCONSCRIPTIONS ÉLECTORALES

EN FRANCE

Divers systèmes électoraux ont été appliqués en France depuis 1789, pour la nomination des membres des assemblées représentatives. Le premier mis en œuvre pour l'élection de la grande Assemblée constituante, avait conservé des formes traditionnelles, qui résultaient de l'organisation politique, gouvernementale et sociale de l'époque qu'on appela depuis, l'Ancien régime. L'élément féodal, territorial, communal ; les corporations, les divers genres de propriété, y trouvaient leur représentation, à côté des idées plus modernes, qui tendaient à donner pour unique base à l'élection, l'élément de la population, le chiffre, le nombre des habitants et des électeurs.

Ce dernier élément finit par prévaloir et par s'emparer même trop exclusivement, de l'organisme politique de la nation ; les élections, pour la représentation nationale dans l'Assemblée législative et surtout dans la Convention, reposent presque uniquement sur cette base. Les idées d'égalité, poussées jusqu'au nivellement, jusqu'à l'effacement de toute supériorité naturelle ou acquise, aboutirent bientôt au despotisme du nombre, du chiffre, de la foule, menée, abusée par des démagogues. Le gouvernement de la Convention s'installa et aboutit à une guerre civile féroce et à la Terreur. — La raison, fortifiée par l'expérience, les dangers de l'anarchie croissante, les douleurs poignantes de la misère, ramenèrent les esprits à des idées de discipline sociale, et le rétablissement de l'ordre fut possible alors par la force, intelligente il est vrai, mais subordonnée à la volonté individuelle d'un homme de génie.

Cependant le pouvoir impérial avait pris pour devise, et conservé comme base, l'expression de la volonté générale par le vote universel. L'organisation des élections s'en ressentit à cette époque, et avec la chute de l'Empire, un retour vers les idées traditionnelles s'opéra par imitation des coutumes anglaises ; il amena un changement très sérieux dans les institutions représentatives et surtout dans le système électoral en France. Le cens électoral en devint la base, malheureusement trop exclusive et trop restreinte; la richesse, l'impôt n'étant pas les seuls indices de la capacité ni de l'esprit politique d'une catégorie d'habitants. Le cens électoral, bien que modifié sous la monarchie de Juillet, n'en garda pas moins son vice originaire. Le mode d'élection, conservé sous la monarchie, fit naître dans les classes populaires une opposition exploitée habilement par des hommes voulant à tout prix arriver au pouvoir; la Révolution de 1848 éclata, et, passant brusquement d'une extrémité à l'autre, on décréta le *suffrage universel.*

Depuis vingt-cinq ans que ce système fonctionne, bien des vices lui ont été reprochés, bien des remèdes proposés pour en atténuer les fâcheux effets. Il n'entre pas dans le cadre de mon travail d'entreprendre une étude philosophique, historique et critique du système du suffrage universel; il est établi, accepté. Je veux donc me borner à une étude plus modeste, celle de son mode de fonctionnement et formuler quelques idées sur l'organisation des circonscriptions électorales.

C'est ce travail que je soumets aujourd'hui à l'appréciation du public et au jugement de l'Assemblée et de ses commissions, plus spécialement chargées de la préparation des lois constitutionnelles. La base de la circonscription électorale, d'après la loi de 1849, — loi qui fonctionne actuellement *de fait,* non *de droit,* car elle n'a pas été rétablie par l'Assemblée nationale d'une manière définitive — est le département. Le vote a lieu à la commune et au scrutin de liste. Ces assises du système électoral, en ce moment et provisoirement en vigueur, semblent défectueuses à juste titre et pour bien des raisons dont je chercherai les plus saillantes :

1o Le département est une circonscription trop vaste pour les élections par scrutin de liste. Sans parler de Paris, où les listes de candidats contiennent une cinquantaine de noms, ces listes présentent, dans les départements où la population dépasse la moyenne de 427,719 habitants, une série de candidats beaucoup trop nombreux pour l'appréciation individuelle de chaque électeur. La majorité des électeurs ne se compose pas d'hommes politiques qui puissent se mettre facilement au courant des faits et gestes de chaque candidat qu'on leur propose; c'est un fait établi sur lequel je n'insisterai point. Il faut donc réduire ces listes et, pour en arriver là, réduire les circonscriptions qui sont appelées à les voter.

2o Le vote à la commune est certainement le plus commode, celui qui exige le moins de déplacement pour les électeurs, qui permet le plus facilement le contrôle, et, par conséquent, assure le mieux la sincérité des votes. Il livre, il est vrai, les électeurs aux influences locales qui ne priment pas toujours assez les considérations politiques, puisées dans l'intérèt général du pays; mais cependant ses avantages contrebalancent ses défauts dans une trop forte mesure, pour qu'il ne soit pas conservé de préférence au vote au canton;

3o Le scrutin de liste est, à certains égards, préférable au scrutin pour un seul candidat; il permet plus aisément de satisfaire au droit qu'ont les diverses nuances de l'opinion, d'être représentées dans les assemblées législatives, mais encore faut-il que cet avantage ne soit pas acheté par l'immense inconvénient des listes trop nombreuses.

Pour obvier à ces quelques inconvénients, et conserver la majeure partie des avantages que l'on désire garder, je proposerais de prendre pour base de la circonscription électorale — *l'arrondissement administratif, sous-préfecture*, et à Paris, *l'arrondissement municipal ou mairie.*

En règle générale, chaque arrondissement élirait au moins 1 député et 4 au plus, selon le chiffre de la population. Les avantages de ce système sont :

I. — De ne pas créer de circonscriptions arbitraires, basées uniquement sur le chiffre des électeurs, qui n'ont d'autre lien entre eux que le voisinage, la juxtaposition des cantons.

L'arrondissement est un membre organique du corps vivant de la nation ; c'est une unité administrative représentée par le sous-préfet ; une unité judiciaire représentée par le tribunal civil et quelquefois en même temps par le tribunal de commerce ; une unité financière représentée par le receveur particulier, etc.....

Le chef-lieu de l'arrondissement devient, par tous ces motifs, le rendez-vous obligé de tous les intéressés dans ces divers services, soit comme administrés, soit comme justiciables ou contribuables; des liens se forment ainsi naturellement entre les habitants de la circonscription.

L'arrondissement devient un centre de politique commun, ni trop éloigné de la circonférence comme c'est le plus souvent le cas du chef-lieu du département, ni trop restreint comme cela a lieu pour le chef-lieu du canton centre des intérêts trop exclusivement locaux. (On a pu remarquer le revirement, pour ainsi dire complet, qui s'est produit en faveur des conservateurs, depuis le 19 novembre, dans les élections au conseil général. C'est ainsi que le suffrage universel se prononce en faveur des conservateurs dans des départements de toutes nuances, quand on l'interroge dans des conditions où il peut s'exprimer avec liberté et lumière « en dehors du scrutin de liste sans liste » tel qu'il est appliqué aux élections partielles.) Le suffrage universel s'est donc chargé de plaider lui-même la cause du vote par circonscription électorale administrative non arbitrairement formée.

II. — La population moyenne d'un arrondissement administratif est d'environ 70,000 habitants. — Elle varie, il est vrai, de 22,000 à 520,000 habitants, mais ce sont les limites extrêmes et d'ailleurs cette répartition inégale de la population est contrebalancée par l'étendue territoriale Les arrondissements à population clairsemée, occupent de très vastes espaces relativement à ceux où la population acquiert une forte densité. *Or l'élément territorial* ne doit pas être perdu de vue dans la formation des réunions électorales.

Néanmoins, la base principale de la circonscription électorale doit être et sera la population. *Non pas seulement le chiffre des électeurs, mais la population totale, dont la portion qui ne vote pas a autant de droit d'être représentée dans les conseils de la nation,* que les membres qui exercent directement le droit de vote à sa place et en partie en son nom.

Les intérêts de chaque arrondissement doivent être

directement représentés; il existe cependant actuellement des arrondissements, qui, pour des motifs que je n'ai pas à approfondir ici, n'ont pas de mandataire spécial parmi la représentation actuelle du département auquel ils appartiennent. Il m'a été donné de juger personnellement du fâcheux effet de l'antagonisme qui en est résulté dans des élections partielles récentes.

En adoptant ces bases, il devient nécessaire de proportionner le nombre de représentants, c'est-à-dire des Députés que doit élire chaque circonscription, au chiffre de sa population. Dans cette répartition, il n'est pas nécessaire de chercher l'exactitude mathématique, qu'il est impossible d'atteindre, sans tomber dans le défaut déjà signalé des circonscriptions arbitraires. On ne peut en effet avoir la pensée de former des groupes d'électeurs, comme des bataillons composés d'un nombre uniforme d'hommes dans les rangs.

Pour corriger les inégalités, sans tomber dans l'inconvénient des formations arbitraires de groupes, il faut donc adopter une moyenne qui résulte de la division, par moitié, du chiffre de la population prise entre les limites extrêmes. — Les maxima et les minima. — En étudiant les tableaux de recensement de la population en France, on s'aperçoit que les limites non pas extrêmes, mais les plus marquées du nombre des habitants dans la majeure partie des arrondissements, sont exprimées par des chiffres qui varient entre 30,000 et 100,000 âmes.

Il me paraît donc aussi rationnel que pratique de constituer comme *minimum* d'une circonscription d'arrondissement électoral, le chiffre de 30,000 habitants, sans aller au-delà du chiffre de 100,000 habitants qui en constituerait le *maximum*.

Le nombre des arrondissements en France est de 363 et 382 y compris les arrondissements de Paris ; 7 de ces arrondissements seulement ont une population inférieure à 30,000 âmes ; il serait donc nécessaire, pour obvier à ces inconvénients de répartition trop inégale de la population dans ces arrondissements, d'adopter les dispositions suivantes :

Les arrondissements (sous-préfectures) où le nombre d'habitants, d'après le dernier recensement officiel, n'atteindrait pas 30,000 âmes, seraient réunis dans la même circonscription électorale avec l'arrondissement voisin, limitrophe. Ainsi :

1. GEX.

Arrondissement de Gex (Ain). . . . . 21,454 hab.

serait réuni à

— de Nantua (Ain). . . . . 50,764 —

BARCELONNETTE. et 3. SISTERON.	{	Arrondissement de Barcelonnette (Basses-Alpes) . 15,960 hab. serait réuni à — de Sisteron (Basses-Alpes). . . . 22,752 —
4. CASTELLANE.	{	— de Castellane (Basses-Alpes) . . 20,998 — serait réuni à — de Forcalquier (Basses-Alpes) . . 34,266 —
5. BRIANÇON.	{	— de Briançon (Hautes-Alpes). . . 27,741 — serait réuni à — d'Embrun (Hautes-Alpes). . . . 30,312 —
PUGET-THÉNIERS.	{	— de Puget-Théniers (Alpes-Marit.. 24,013 — serait réuni à — de Grasse (Alpes-Maritimes). . . 69,892 —
7. CALVI.	{	— de Calvi (Corse) . . . . 25,124 — serait réuni à — de Corte (Corse). . . . . 61,168 —

———

Par contre :

Les arrondissements dont le chiffre de la population excéderait 100,000 âmes, nommeraient (par scrutin de liste) chacun 2 députés. Si ce chiffre dépassait 200,000 âmes, ils en nommeraient 3 et ainsi de suite, 1 député de plus par chaque excédant de 100,000 âmes.

Les arrondissements administratifs (sous-préfectures) et les arrondissements municipaux (mairies) à Paris qui nommeraient chacun 2 députés sont au nombre de 118 dans les départements ; de 5 à Paris qui sont :

5me Panthéon, — 9me Opéra, — 10me Enclos-Saint-Laurent, — 11me Popincourt, — 18me Buttes Montmartre.

Ceux qui nommeraient 3 députés sont au nombre de 6, savoir :

Brest (Finistère), Toulouse (Haute-Garonne), Grenoble (Isère), Saint-Étienne (Loire), Nantes (Loire-Inférieure), Rouen (Seine-Inférieure).

Ceux qui nommeraient 4 députés sont au nombre de 2, savoir :

Bordeaux (Gironde), Marseille (Bouches-du-Rhône).

Je ne voudrais appliquer cette règle de nomination d'un député par chaque excédant de 100,000 âmes, que dans une certaine limite et en fixant à 4 députés le nombre *maximum* des candidats pouvant être inscrits sur la même liste. Il n'y a d'ailleurs que deux arrondissements en France, qui, d'après cette règle, auraient à élire plus de 4 députés.

Lille (Nord), Lyon (Rhône).

Lille, ville dont la population est de 154,749 habitants,

nommerait 2 députés, les autres cantons de l'arrondissement dont la population est de 368,482, nommeraient 4 députés.

A Lyon c'est l'inverse qui aurait lieu ; la ville, dont la population totale est de 323,954 habitants, nommerait 4 députés, les autres cantons de l'arrondissement, dont la population est de 178,847 habitants, nommeraient 2 députés.

On doit remarquer pour ces arrondissements, qu'en adoptant cette division spéciale, je n'en conserve pas moins la base même du système, tout en contrebalançant ainsi dans une certaine mesure, l'influence des grands centres, et donnant aux habitants des campagnes de ces arrondissements, la satisfaction d'avoir une représentation plus directe.

L'unité de ce système de répartition est suffisamment démontrée par les résultats suivants :

3 départements auront 1 député par	45 à 50,000 habitants.
13 — 1 —	55 à 60,000 —
32 — 1 —	62 à 70,000 —
32 — 1 —	72 à 80,000 —
7 — 1 —	80 à 84,000 —

La moyenne proportiónnelle prise sur la population totale de toute la France est de 1 député par 69,334 habitants.

EN RÉSUMÉ.

<table>
<thead>
<tr><th>Nombre d'arrond^{ts}.</th><th></th><th>Députés.</th></tr>
</thead>
<tbody>
<tr><td>242</td><td>arrondissements ont une population inférieure à 100,000 âmes, déduction faite des sept arrondissements dont la population est inférieure à 30,000 âmes. Ils donneront chacun 1 député.</td><td>242</td></tr>
<tr><td>123</td><td>arrondissements ont une population supérieure à 100,000 âmes, chacun 2 députés. . . . .</td><td>246</td></tr>
<tr><td>6</td><td>ont une population supérieure à 200,000 âmes, chacun 3 députés. . . . .</td><td>18</td></tr>
<tr><td>2</td><td>ont une population supérieure à 300,000 âmes, chacun 4 députés . . . .</td><td>8</td></tr>
<tr><td>2</td><td>ont une population supérieure à 500,000 âmes, chacun 6 députés. . . . .</td><td>12</td></tr>
<tr><td>375</td><td></td><td>526</td></tr>
<tr><td>plus 7 arrondissements déduits.</td><td></td><td></td></tr>
<tr><td>382</td><td></td><td></td></tr>
</tbody>
</table>

D'où il résulte que le nombre total de députés à élire serait de 526, nombre en rapport avec la population totale de la France, avec la population moyenne de chaque département, et de plus, s'harmonisant avec sa division territoriale administrative et judiciaire.

NOTE.

Plusieurs membres de l'Assemblée nationale ont bien voulu approuver l'idée de ce travail, je tiens à les remercier de leurs encouragements, et la meilleure manière, je pense, est de répondre à la principale question qui m'ait été posée.

Pourquoi ne prenez-vous pas comme point de départ le chiffre de 35,000 habitants, c'est un chiffre déjà connu, de plus, vous arriveriez ainsi à diminuer quelque peu le nombre des représentants ?

Avant de m'arrêter à la limite minimum de 30,000, j'avais successivement examiné plusieurs chiffres, 35,000, 40,000 entre autres.

Je répondrai donc en peu de mots à cette question.

Je ne diminuerais que d'une façon peu sensible le nombre des représentants, en prenant le chiffre de 35,000 habitants, 13 arrondissements seulement ayant une population inférieure à 35,000 âmes.

Le principal but — Réduction — ne serait donc pas atteint.

TABLEAUX SYNOPTIQUES

de la répartition des Députés par circonscriptions d'arrondissements électoraux pa[r] départements et moyenne de la population nécessaire pour la nomination d'un Député.

ARRONDISSEMENTS.	POPULATION des arrondissements.	NOMBRE de députés par arrondissement	DÉPARTEMENTS.	NOMBRE DE DÉPUTÉS			POPULATION des départements.	MOYENNE de population pour un dépu[té]
				à élire par départem.	sous l'Empire.	à l'assemblée actuelle.		
Bourg	124.378	2	**Ain.**	5	3	7	371.643	74.328
Belley	81.409	1						
Gex	21.454	1						
Nantua	50.764							
Trévoux	93.638	1						
Laon	168.483	2	**Aisne.**	8	4	11	565.025	70 623
Château-Thierry	62.113	1						
St-Quentin	142.334	2						
Soissons	71.586	1						
Vervins	120.509	2						
Moulins	108.710	2	**Allier.**	6	3	7	376.164	62.96
Gannat	65.895	1						
Lapalisse	86.837	1						
Montluçon	114.722	2						
Digne	49.024	1	**Alpes (Basses-).**	3	1	3	143.000	47.66
Barcelonnette	15.960	1						
Sisteron	22.752							
Castellane	20.998	1						
Forcalquier	34.266							
Gap	64.064	1	**Alpes (Hautes-).**	2	1	2	122.117	60.35
Briançon	27.741	1						
Embrun	30.312							
Nice	104.913	2	**Alpes-Maritimes.**	3	2	4	198.818	66 2[7]
Grasse	69.892	1						
Puget-Théniers	24.013							
Privas	124.745	2	**Ardèche.**	6	3	8	387.174	64.59
Largentière	108.126	2						
Tournon	154.303	2						

ARRONDISSEMENTS.	POPULATION des arrondissements.	NOMBRE de députés par arrondissement	DÉPARTEMENTS.	NOMBRE DE DÉPUTÉS à élire par départem.	sous l'Empire.	à l'assemblée actuelle.	POPULATION des départements.	MOYENNE de population pour un député.
Mézières........	81.178	1	**Ardennes.**	5	3	6	326.864	65.360
Rethel	64 393	1						
Rocroy........	51.617	1						
Sedan........	70.744	1						
Vouziers.......	58.932	1						
Foix.........	85.481	1	**Ariège.**	3	2	5	250.436	81.812
Pamiers.......	78.852	1						
Saint-Girons ...	86.103	1						
Troyes	98 230	1	**Aube.**	5	2	5	261.951	52.390
Arcis-sur-Aube.	34 760	1						
Bar-sur-Aube...	43.328	1						
Bar-sur-Seine .	49.171	1						
Nogent-sur-Seine	36.452	1						
Carcassonne....	93.916	1	**Aude.**	4	3	6	288.626	72.156
Castelnaudary ..	48.953	1						
Limoux........	67.191	1						
Narbonne......	78.566	1						
Rodez........	108.735	2	**Aveyron.**	7	3	8	400.070	57.152
Espalion.......	64.264	1						
Millau........	66.389	1						
Saint-Affrique ..	58.614	1						
Villefranche....	102.068	2						
Marseille	340 752	4	**Bouches-du-Rhône.**	7	4	11	547.903	78.271
Aix...........	114.643	2						
Arles	92.508	1						
Caen.........	131.959	2	**Calvados.**	7	4	9	474.909	67.844
Bayeux.......	77.581	1						
Falaise.......	56.384	1						
Lisieux.......	69.064	1						
Pont-l'Evêque ..	59.101	1						
Vire	80.820	1						
Aurillac	92.666	1	**Cantal.**	4	2	5	237.994	59.498
Mauriac	59 268	1						
Murat........	33 352	1						
Saint-Flour	52.708	1						
Angoulême.....	137 983	2	**Charente.**	6	3	7	378.218	63.036
Barbézieux.....	53.926	1						
Cognac........	65 778	1						
Confolens......	65 968	1						
Ruffel........	54.563	1						
La Rochelle....	82.593	1	Charente-Inférieure	7	4	10	479 529	68.504

ARRONDISSEMENTS.	POPULATION des arrondissements.	NOMBRE de députés par arrondissement	DÉPARTEMENTS.	NOMBRE DE DÉPUTÉS à élire par départem.	sous l'Empire.	à l'Assemblée actuelle.	POPULATION des départements.	MOYENNE de population pour un député.
Jonzac	82.632	1	Charente-Inférieure.					
Marennes	53.345	1						
Rochefort	70.125	1						
Saintes	106.904	2						
St-Jean-d'Angély	83.930	1						
Bourges	135.352	2	Cher.	5	3	7	336.613	67.322
Saint-Amand	119.388	2						
Sancerre	81.873	1						
Tulle	133.081	2	Corrèze.	5	2	6	310.843	62.168
Brives	114.847	2						
Ussel	62.915	1						
Ajaccio	63.788	1	Corse.	4	2	5	259.861	64.965
Bastia	77.053	1						
Calvi	25.124							
Corte	61.168	1						
Sartène	32.728	1						
Dijon	147.440	2	Côte-d'Or.	6	3	8	382.762	63.793
Beaune	122.202	2						
Châtillon-s.-Seine	48.693	1						
Semur	64.427	1						
Saint-Brieuc	183.457	2	Côtes-du-Nord.	9	5	13	641.210	71.245
Dinan	120.170	2						
Guingamp	128.190	2						
Launion	118.097	2						
Loudéac	91.296	1						
Guéret	94.633	1	Creuse.	5	2	5	274.057	54.811
Bourganeuf	41.349	1						
Aubusson	100.370	2						
Boussac	37.705	1						
Périgueux	115.147	2	Dordogne.	8	4	10	502.673	62.834
Bergerac	115.559	2						
Nontron	84.413	1						
Ribérac	73.103	1						
Sarlat	114.451	2						
Besançon	111.658	2	Doubs.	5	2	6	298.072	59.614
Baume	63.979	1						
Montbéliard	71.962	1						
Pontarlier	50.473	1						
Valence	157.201	2	Drôme.	5	3	6	324.231	64.846
Die	62.312	1						
Montélimar	70.251	1						

ARRONDISSEMENTS.	POPULATION des arrondissements.	NOMBRE de députés par arrondissement	DÉPARTEMENTS.	NOMBRE DE DÉPUTÉS à élire par départem.	sous l'Empire.	à l'Assemblée actuelle.	POPULATION des départements.	MOYENNE de population pour un député.
Nyons.........	34.467	1	**Drôme.**					
Évreux........	116.058	2	**Eure.**	6	4	8	394.467	65.744
Les Andelys....	61.011	1						
Bernay........	72.676	1						
Louviers	67.320	1						
Pont-Audemer .	77.402	1						
Chartres......	112.458	2	**Eure-et-Loir.**	5	2	6	290.753	58.150
Châteaudun....	65.570	1						
Dreux.... .,...	68.760	1						
Nogent-le-Rotrou	43.965	1						
Quimper......	130.673	2	**Finistère.**	10	5	13	662.485	66.248
Brest	230.316	3						
Châteaulin.....	108.877	2						
Morlaix........	143.102	2						
Quimperlé.....	49.517	1						
Nîmes........	159.793	2	**Gard.**	6	4	9	429.747	71.224
Alais..........	123.274	2						
Uzès..........	86.433	1						
Le Vigan	60.247	1						
Toulouse	207.554	3	**Garonne (Haute-).**	7	4	10	493.777	70.539
Muret........	91.035	1						
Saint-Gaudens..	136.265	2						
Villefranche....	58.923	1						
Auch..........	59.722	1	**Gers.**	5	3	6	295.692	59.138
Condom.	70.143	1						
Lectoure	47.926	1						
Lombez	39.581	1						
Mirande	78.320	1						
Bordeaux......	374.658	4	**Gironde.**	10	6	14	701.855	70.185
Bazas.........	56.381	1						
Blaye	58.549	1						
Lesparre	42.357	1						
Libourne......	117.697	2						
La Réole......	52.213	1						
Montpellier	172.381	2	**Hérault.**	6	4	8	427.245	71.207
Béziers........	150.695	2						
Lodève........	56.382	1						
Saint-Pons....	47.787	1						
Rennes........	150.211	2	**Ille-et-Vilaine.**	8	4	12	592.609	74.076
Fougères	84.069	1						
Montfort........	61.265	1						

ARRONDISSEMENTS.	POPULATION des arrondissements.	NOMBRE de députés par arrondissement	DÉPARTEMENTS.	à élire par départem.	sous l'Empire.	à l'Assemblée actuelle.	POPULATION des départements.	MOYENNE de population pour un député
Redon	86.026	1	Ile- et-Vilaine.					
Saint-Malo	130 372	2						
Vitré	80.666	1						
Châteauroux	106.767	2	Indre.	5	2	5	277.860	55.572
Le Blanc	60.110	1						
La Châtre	58.384	1						
Issoudun	52.599	1						
Tours	170 936	2	Indre- et-Loire.	4	3	6	325.193	81.298
Chinon	89.149	1						
Loches	65.108	1						
Grenoble	220.503	3	Isère.	8	5	12	581.386	72.673
Saint-Marcellin	82.496	1						
La Tour-du-Pin	130 809	2						
Vienne	147.578	2						
Lons-le-Saunier	101.295	2	Jura.	5	3	6	298 477	59.695
Dôle	74.105	1						
Poligny	71.649	1						
Saint-Claude	51.428	1						
Mont-de-Marsan	110.917	2	Landes.	5	2	6	306.693	61.338
Dax	109.102	2						
Saint-Sever	86.674	1						
Blois	140.239	2	Loir-et-Cher.	4	2	5	275.757	68.939
Romorantin	55.058	1						
Vendôme	80.460	1						
Saint-Étienne	253.524	3	Loire	7	4	11	537.108	76.729
Montbrison	133.812	2						
Roanne	149.772	2						
Le Puy	142.375	2	Loire (Haute-).	4	2	6	312 661	78 165
Brioude	81.290	1						
Issingeaux	88.996	1						
Nantes	267.903	3	Loire (Inférieure).	8	4	12	598 598	74.824
Ancenis	50.889	1						
Châteaubriand	77.095	1						
Paimbœuf	47.690	1						
Saint-Nazaire	155.021	2						
Orléans	159.972	2	Loiret.	5	3	7	357.110	71 422
Gien	54.616	1						
Montargis	80.746	1						
Pithiviers	61.776	1						
Cahors	117.448	2	Lot.	4	2	6	288.919	72 279

ARRONDISSEMENTS.	POPULATION des arrondissements.	NOMBRE de députés par arrondissement	DÉPARTEMENTS.	NOMBRE DE DÉPUTÉS			POPULATION des départements.	MOYENNE de population pour un député.
				à élire par départem.	sous l'Empire.	à l'Assemblée actuelle.		
Figeac	90.568	1	Lot.					
Gourdon.......	80.903	1						
Agen.........	80 082	1	Lot- et-Garonne.	4	3	6	327.962	81.990
Marmande.....	97.676	1						
Nérac.	60.376	1						
Villen.-d'Agen..	89.828	1						
Mende	48 191	1	Lozère.	3	1	3	137.263	45.759
Florac........	37.848	1						
Marvejols......	51.224	1						
Angers	163.848	2	Maine- et-Loire.	7	4	11	532.325	76.046
Baugé........	78.595	1						
Cholet........	129 284	2						
Saumur	95.489	1						
Segré	65.109	1						
Saint-Lô	92.905	1	Manche.	8	4	11	573.899	71.737
Avranches	111.953	2						
Cherbourg	92.801	1						
Coutances	120.428	2						
Mortain	71.026	1						
Valognes	84.786	1						
Châlons-s.-Marne	59.057	1	Marne.	5	3	8	390.809	65.134
Epernay.......	96 078	1						
Reims........	151.498	2						
Ste-Menehould..	33.665	1						
Vitry-le-Français	50 511	1						
Chaumont	84.439	1	Marne (Haute-).	3	2	5	259.096	86.365
Langres	97.261	1						
Vassy.........	77.396	1						
Laval	130.355	2	Mayenne.	5	3	7	367.855	73.570
Château-Gonthier	76.397	1						
Mayenne.......	161.103	2						
Nancy........	151.382	2	Meurthe- et-Moselle.	5	6	9	366.617	73.323
Lunéville......	84.393	1						
Toul	60 967	1						
Briey	64.511	1						
Bar-le-Duc	80.964	1	Meuse.	4	3	6	301.653	75.413
Commercy	79 957	1						
Montmédy	62.052	1						
Verdun........	78 680	1						
Vannes..	134 810	2	Morbihan.	7	3	10	501.084	71.583

ARRONDISSEMENTS.	POPULATION des arrondissements.	NOMBRE de députés par arrondissement	DÉPARTEMENTS.	NOMBRE DE DÉPUTÉS à élire par départem.	sous l'Empire.	à l'Assemblée actuelle.	POPULATION des départements.	MOYENNE de population pour un député.
Lorient	169.111	2	**Morbihan.**					
Pontivy	104 152	2						
Ploërmel	93.011	1						
Nevers	123.152	2	**Nièvre.**	5	3	7	342.773	68.554
Château-Chinon.	67.741	1						
Clamecy	74 022	1						
Cosne	77.858	1						
Lille (ville)	154.749	2	**Nord.**	18	9	28	1.392.855	77.380
Lille (campagne)	368 482	4						
Avesnes	163 450	2						
Cambrai	193 855	2						
Douai	115 065	2						
Dunkerque	113 184	2						
Hazebrouck	109.036	2						
Valenciennes	174.220	2						
Beauvais	126.411	2	**Oise.**	5	3	8	401.274	80.254
Clermont	88 941	1						
Compiègne	96 207	1						
Senlis	89.715	1						
Alençon	70.588	1	**Orne.**	6	4	8	414.618	69.103
Argentan	96 042	1						
Domfront	134.476	2						
Mortagne	113 512	2						
Arras	172.999	2	**Pas-de-Calais.**	10	6	15	749.777	74.977
Béthune	163.455	2						
Boulogne	141.600	2						
Montreuil	76.949	1						
Saint-Omer	113.175	2						
Saint-Pol	81.599	1						
Clerm.-Ferrand.	171.891	2	**Puy-de-Dôme.**	7	5	11	571.690	81.670
Ambert	83.132	1						
Issoire	93.740	1						
Riom	146.206	2						
Thiers	76.721	1						
Pau	128.942	2	**Pyrénées (Basses-).**	6	3	9	435.486	72.581
Bayonne	97.184	1						
Mauléon	65.116	1						
Oloron	70.114	1						
Orthez	74.130	1						
Tarbes	108 452	2	**Pyrénées (Hautes-).**	4	2	5	240.252	60.063
Argelès	41.625	1						
Bagnères	90.175	1						

ARRONDISSEMENTS.	POPULATION des arrondissements.	NOMBRE de députés par arrondissement	DÉPARTEMENTS.	NOMBRE DE DÉPUTÉS			POPULATION des départements.	MOYENNE de population pour un député.
				à élire par départem.	sous l'Empire.	à l'Assemblée actuelle.		
Perpignan	96.458	1	Pyrénées-Orientales.	3	2	4	189 490	63.163
Céret	43.593	1						
Prades	49.439	1						
Lyon (ville)	323.954	4	Rhône.	8	5	13 .	678.648	84.831
Lyon (campagne)	178.847	2						
Villefranche	175 847	2						
Belfort	56.971	1	Rhin (Haut-).	1	4	1	56.971	56.971
Vesoul	102.673	2	Saône (Haute-).	5	3	6	317.706	63.541
Gray	79 776	1						
Lure	135.257	2						
Mâcon	121.690	2	Saône-et-Loire.	9	5	12	600.006	66.667
Autun	117.656	2						
Châlons-s.-Saône	141.833	2						
Charolles	132.720	2						
Louhans	86.107	1						
Le Mans	176.748	2	Sarthe.	6	4	9	463.619	77 269
La Flèche	99.690	1						
Mamers	121.721	2						
Saint-Calais	65.460	1						
Chambéry	144.945	2	Savoie.	5	2	5	271.663	54.332
Albertville	36.312	1						
Moûtiers	37.265	1						
St-Jⁿ-de-Maurⁿᵉ.	53.141	1						
Annecy	87.112	1	Savoie (Haute-).	4	2	5	273.768	68.442
Bonneville	69.648	1						
Saint-Julien	54.350	1						
Thonon	62.658	1						
Louvre	81.665	1	Seine.	29	9	43	2.150.916	74.197
Bourse	79.909	1						
Temple	92 680	1						
Hᵗᵉˡ-de-Ville.	98.648	1						
Panthéon	104.083	2						
Luxembourg	99.115	1						
Pˡᵃⁱˢ-Bourbon	75.438	1						
Elysée	70 259	1						
Opéra	106.221	2						
Enclos St-Laurent.	116.438	2						
Popincourt	149.641	2						
Reuilly	78.635	1						
Gobelins	70.192	1						
Observatoire	65.506	1						
Vaugirard	69.340	1						

PARIS, 25

ARRONDISSEMENTS.	POPULATION des arrondissements.	NOMBRE de députés par arrondissement	DÉPARTEMENTS.	NOMBRE DE DÉPUTÈS à élire par départem.	sous l'Empire.	à l'Assemblée actuelle.	POPULATION des départements.	MOYENNE de population pour un député.
Passy	42.187	1	Seine.					
Batignoles	93.193	1						
Buttes-Montmartre.	130.456	2						
Buttes-Chaumont	88.930	1						
Menilmontant	87.444	1						
Saint-Denis	178.359	2						
Sceaux	147.283	2						
Chiffre de la garnison à l'époque du recrutement	25.294							
Rouen	274.672	3	Seine-Inférieure.	10	6	16	792.768	79.276
Dieppe	112.313	2						
Le Hâvre	192.524	2						
Neufchâtel	81.125	1						
Yvetot	132.134	2						
Melun	66.203	1	Seine-et-Marne.	5	3	7	354.400	70.880
Coulommiers	54.924	1						
Meaux	80.753	1						
Fontainebleau	96.257	1						
Provins	56.263	1						
Versailles	188.846	2	Seine-et-Oise.	8	4	11	533.727	66.716
Corbeil	70.457	1						
Etampes	41.317	1						
Mantes	56.615	1						
Pontoise	108.937	2						
Rambouillet	67.555	1						
Niort	109.559	2	Sèvres (Deux-).	5	3	7	333.155	66.631
Bressuire	75.727	1						
Melle	74.732	1						
Parthenay	73.137	1						
Amiens	194.021	2	Somme.	8	5	11	572.640	71.580
Abbeville	141.625	2						
Doullins	59.963	1						
Montdidier	67.321	1						
Péronne	109.710	2						
Albi	95.120	1	Tarn.	5	3	7	355.513	71.102
Castres	139.779	2						
Gaillac	68.487	1						
Lavaur	52.127	1						
Montauban	103.809	2	Tarn-et-Garonne.	4	2	4	228.969	57.242
Castelsarrazin	68.682	1						
Moissac	56.478	1						

ARRONDISSEMENTS.	POPULATION des arrondissements.	NOMBRE de députés par arrondissement	DÉPARTEMENTS.	NOMBRE DE DÉPUTÉS à élire par départem.	sous l'Empire.	à l'Assemblée actuelle.	POPULATION des départements.	MOYENNE de population pour un député.
Draguignan	88.736	2	**Var.**	4	2	6	308.550	77.137
Brignoles......	69.247	1						
Toulon........	150.567	1						
Avignon.......	81.610	1	**Vaucluse.**	4	2	5	266.091	66.522
Apt..........	54.203	1						
Carpentras.	55.436	1						
Orange........	74.842	1						
Napoléon-Vendée	151.341	2	**Vendée.**	6	3	8	404.473	66.745
Fontenay-le-Comte ...	138.185	2						
Les Sables-d'Olonne..	114.947	2						
Poitiers	115.513	2	**Vienne.**	6	3	6	324.527	54.088
Chatellerault....	63.318	1						
Civrecy........	49.491	1						
Loudun	35.304	1						
Montmorillon...	63.901	1						
Limoges.......	151.066	2	**Vienne (Haute-).**	5	2	7	326.037	65.207
Bellac........	80.205	1						
Rochechouart ..	50.579	1						
Saint-Yrieix....	44.187	1						
Epinal........	98.931	1	**Vosges.**	6	3	8	397.981	66.330
Mirecourt......	69.330	1						
Neufchateau ...	58.596	1						
Remiremont ...	73.614	1						
Saint-Dié......	118.527	2						
Auxerre	118.764	2	**Yonne.**	6	3	7	372.589	62.098
Avallon........	45.200	1						
Joigny.........	98.491	1						
Sens..........	67.310	1						
Tonnerre......	42.824	1						
Bas-Rhin					4			
36.469.836	526			526	292	723	36.469.836	

www.ingramcontent.com/pod-product-compliance
Lightning Source LLC
Chambersburg PA
CBHW062314070726
47596CB00009B/1960